# UNE NOUVELLE MESSE EN BRETAGNE

## EUN OFEREN NEVEZ
### E BREIZ-IZEL

### Par J.-P.-M. LESCOUR

BARDE DE N.-D. DE RUMENGOL

Auteur de *Telen Remengol* (LA HARPE DE RUMENGOL
Membre de la Société Académique de Brest
Et de la Société d'Emulation des Côtes-du-Nord.

LANNION
IMPRIMERIE VEUVE LE COFFIC, LIBRAIRE.
1868

# UNE NOUVELLE MESSE EN BRETAGNE

## EUN OFEREN NEVEZ E BREIZ-IZEL

Par J.-P.-M. LESCOUR

BARDE DE N.-D. DE RUMENGOL

Auteur de *Telen Remengol* (LA HARPE DE RUMENGOL)
Membre de la Société Académique de Brest
et de la Société d'Emulation des Côtes-du-Nord.

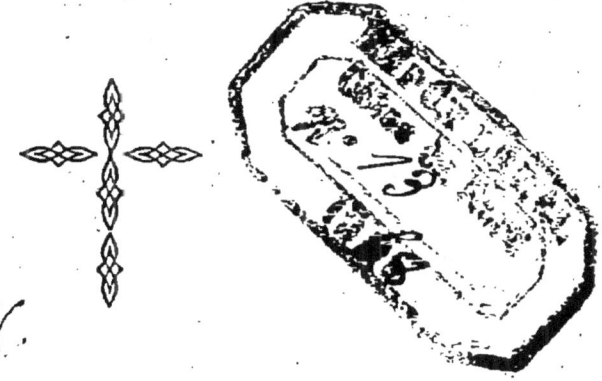

LANNION

IMPRIMERIE VEUVE LE COFFIC, LIBRAIRE.

1868

# UNE NOUVELLE MESSE
## EN BRETAGNE

(Eun Oferen nevez e Breiz-Izel.)

*Tu es Sacerdos in œternum.*

Il est dans la vie du chrétien des jours d'une joie ineffable, qu'il ne saurait oublier, et dont le souvenir est toujours cher à son cœur. Le jour du Baptême, le jour de la première Communion et celui de la Confirmation sont des époques si remarquables, que l'homme y pense toujours avec bonheur, alors même, hélas! qu'il s'est éloigné de Dieu, et que les mille sollicitudes de la vie l'ont arraché du pays natal. Et voilà pourquoi, après une longue absence, le cœur tressaille de joie, les larmes coulent des yeux de celui qui revoit encore après bien des traverses l'église de sa paroisse, sainte et chère église dans laquelle il a été fait, par le Baptême, enfant de Dieu, dans laquelle il a reçu, pour la première fois, le corps et le sang du divin Jésus; église dans laquelle son Evêque l'a confirmé dans la foi.

Les princes de l'Eglise ne ressemblent pas aux princes de la terre; ceux-ci ne visitent d'ordinaire que les grandes cités, entourés des pompes et des grandeurs de la terre; un Evêque, accompagné de quelques saints prêtres, pauvres comme lui, va jusqu'aux plus humbles et plus obscurs hameaux de son diocèse, porter la parole de Dieu à ses ouailles, visiter les indigents et les malades, consoler les affligés, et confirmer dans la foi d'une vie meilleure, tous ceux qui souffrent en ce monde. Dans les fêtes données aux princes de la terre, il n'y a pas de place pour les malheureux. Quand un Evêque arrive dans une paroisse, tous, pauvres et riches accourent au devant de lui, et s'agenouillent en sa présence comme en présence de Dieu même au nom duquel il bénit ce peuple a genoux. S'il pouvait y avoir une préférence dans son cœur, elle serait pour l'enfant du pauvre comme nous l'avons remarqué mainte fois, et notamment à Rostrenen, lors de la translation des reliques de saint Valentin, et dans la vieille basilique de N.-D. de Bon Secours de Guingamp. Aussi, quel beau jour pour une paroisse que celui où elle reçoit la visite de son Evêque !

Il est trois choses que le Breton n'oublie jamais : le nom du prêtre qui l'a baptisé, le nom du prêtre qui lui a fait faire sa première communion, et le nom de l'évêque qui l'a confirmé, noms vénérables et chers à son cœur, qu'il aime surtout à se rappeler à mesure que les années s'accumulent sur sa tête. Oui, il y a dans la vie d'un chrétien des jours de joie et de bonheur consacrés par la religion : ce sont comme des avant-goûts du bonheur céleste que Dieu donne à sa créature dans cette vallée de larmes.

Mais il est un autre jour, jour où Dieu fait ce qu'il n'avait pas fait au jour de la création : il prend un homme sanctifié par la prière, et fortifié par l'étude et en fait un autre lui-même, *alter ego*, son Christ, *Christus meus*, et lui dit par la bouche du successeur des Apôtres : *Tu es sacerdos in æternum*. Cet homme qui hier encore était semblable aux autres hommes, est aujourd'hui, par l'onction sainte, revêtu d'un pouvoir qui ferait trembler les anges. A sa parole, Dieu descend sur le saint autel ; à sa parole, les péchés sont remis. *Ce que vous aurez lié sur la terre*, dit le divin maître à ses apôtres, *sera lié dans le ciel, et ce que vous aurez délié sur la terre, sera délié dans le ciel.* Le magistrat de la terre, assisté de ses assesseurs, juge en plein tribunal et en plein jour; le prêtre, dont la juridiction ne relève que de Dieu, juge à huis clos, les yeux élevés au ciel et la main sur la conscience. Que de patience, que de mansuétude, que de prudence, que de miséricorde ne doit-il pas avoir! La conduite des âmes est véritablement l'art des arts. *Ars artium, regimen animarum.* L'homme en se faisant prêtre, n'a pas cessé d'être homme, et il ne doit voir dans ses semblables que des frères en misère et en espérances. Le bon prêtre attire toujours et ne repousse jamais le pauvre pécheur qui s'efforce sincèrement de se convertir, comme il ne pactise jamais avec le pécheur endurci qui aime le mal et voudrait allier ses désordres, son orgueil, sa cupidité, avec l'Evangile qui les condamnera toujours.

Nous faisions ces réflexions le dimanche 6 janvier 1868, jour où nous avons eu le bonheur d'assister, dans l'église de Plestin, à la nouvelle messe d'un ami, M. l'abbé Hingant. Malgré le mauvais temps, une foule de prêtres et de fidèles avaient voulu prendre part à cette belle et touchante cérémonie. Le jeune prêtre fut conduit du presbytère à l'église, processionnellement et au son des cloches; ses parents et ses amis suivaient, priant pour lui, comme lui priait pour eux le Dieu du ciel et de la terre, la sainte Vierge, les saints anges et les saints patrons de la paroisse. Le saint sacrifice commence, le nouveau ministre du Seigneur monte à l'autel au milieu du plus grand recueillement. Il était bien là en spectacle à Dieu, aux anges et aux hommes. Après l'Evangile, le vénérable pasteur de la paroisse qui faisait avec tant de joie les honneurs de son église à son enfant chéri, monta en chaire et, avec cette onction qui va toujours au cœur, il parla, en un breton pur et élégant, des devoirs des prêtres, des joies, mais aussi des peines, des tribulations du saint ministère. Comme encouragement à persévérer dans la bonne voie, il proposa au jeune lévite l'exemple de 18 à 20 prêtres nés dans la paroisse de Plestin et travaillant avec zèle au salut des âmes sur divers points de diocèse. Tous, les uns d'une manière, les autres d'une autre, ont bien mérité de leur religion et de leur pays. Cette allocution du bon pasteur fut écoutée avec une attention respectueuse : un prêtre aimé dans sa paroisse n'a qu'à parler, pour être écouté et obéi.

Cependant, le moment redoutable est arrivé.

Au milieu d'un peuple prosterné sur les dalles du saint lieu, le prêtre seul, debout, élève ses mains vénérables et prononce les paroles sacramentelles, et Dieu descend sur l'autel. Que se passe-t-il alors dans le cœur de ce prêtre, dans le cœur de ces fidèles ? Mystère de foi. Dieu seul pourrait le dire ; la langue de l'homme serait impuissante à le raconter. Mais ce que tous savent, c'est que ce jeune prêtre prie pour l'Eglise de Dieu, et pour l'auguste Pontife qui la gouverne ; il prie pour ses parents, pour ses amis, pour ceux qui nous ont précédés avec le signe du salut; il prie pour ce grand évêque dont il a reçu l'onction sainte. Nous prions aussi pour ce saint prélat que nous avons vu pendant un an qu'un terrible fléau a ravagé le diocèse de Saint-Brieuc, luttant pour ainsi dire corps à corps avec le choléra, tantôt sur le bord de la mer, tantôt dans les montagnes de la Cornouaille, soignant lui-même, et consolant les malades, dans la maison du riche et dans la cabane du pauvre, vidant sa bourse au sein des malheureux, et, riche de sa pauvreté, empruntant lorsque ses propres ressources lui faisaient défaut. « Les bénédictions de
» tant de malheureux, seront la récompense
» du prélat dévoué et compatissant, qu'on est

» toujours sûr de rencontrer là où il y a des
» larmes à sécher, des âmes abattues à recon-
» forter par des paroles de résignation et
» d'espoir. » (*Journal de Lannion*, 10 août 1867.)

En voyant cette charité sans bornes, on se rappelle un grand cœur, Mgr Affre, archevêque de Paris, martyr de nos discordes civiles, qui donna sa vie pour ses brebis, et s'écriait en mourant : « Que mon sang soit le dernier » versé ! »; on se rappelle ce grand évêque d'Amiens, Mgr Boudinet qui, lui aussi, pendant le choléra qui décimait en 1866 sa ville épiscopale, offrait a Dieu sa vie du haut de la chaire de sa magnifique cathédrale ; et nous qui écrivons ces lignes, nous n'avons pas oublié le dévouement d'un autre grand évêque, Mgr Graveran. Le 5 août 1854, revêtu par l'immortel Pie IX du titre d'évêque de Léon, il fit en cette qualité son entrée solennelle dans la vieille ville de St-Pol, entouré de ses prêtres et de ses enfants accourus des quatre coins du diocèse. Ce fut une belle, une splendide fête de famille, et le saint prélat put voir, une fois de plus, combien il était aimé et vénéré. Ce fut le dernier beau jour de sa vie ; car, atteint de la cruelle maladie dont il mourut, il vint cependant à Morlaix, alors cruellement éprouvé par le choléra ; il resta plusieurs jours chez son ami M. le curé Keramanac'h, auquel la ville de Morlaix a depuis érigé une statue, et après avoir prodigué des soins aux malheureux et relevé bien des courages abattus, atteint lui-même du choléra, il quitta pour la dernière fois cette cité qu'il aimait, pour aller à Quimper vaquer encore aux soins de son diocèse, souffrir et mourir. Un contraste bien frappant a ravivé nos regrets, en nous rendant de plus en plus chère la mémoire du prélat vraiment breton. L'an dernier (1867) la ville de Morlaix a été de nouveau, pendant près de *huit mois,* cruellement décimée par le choléra, ainsi que les paroisses circonvoisines, Ploujean, Plouézoc'h, Garlan, etc. Mais cette fois, point de visite..... pas même du préfet du Finistère, qui fut en 1848 sous-préfet de Morlaix. La malheureuse cité n'a eu à compter que sur le dévouement de ses prêtres, des médecins, et la charité inépuisable de ses habitants, qui ne lui ont pas fait défaut. Cependant, des exemples avaient été donnés d'en haut : l'Empereur s'était fait un devoir d'aller lui-même visiter les cholériques dans les hôpitaux de Paris. Qui ne se rappelle le voyage de S. M. l'Impératrice à Amiens, au moment où le choléra y sévissait avec le plus d'intensité ?

M. le curé de Plestin, avec cette grâce

charmante qui le distingue, avait invité à sa table la famille Hingant, les notables de la paroisse et un grand nombre de prêtres parmi lesquels on remarquait des ecclésiastiques nés dans la paroisse de Plestin, et un savant professeur du collége de Tréguier, un des plus renommés de la Bretagne, et dans lequel l'abbé Hingant a fait ses études. Le bon curé et ses aimables vicaires entouraient leur jeune confrère de bontés et de prévenances; il tenait la place du maître de la maison, et avait à sa droite sa vénérable mère, privée de la vue depuis plusieurs années. Quelle bienveillance les uns pour les autres ! C'était une de ces réunions que l'on voit si souvent dans le beau diocèse de St-Brieuc, où tous, prêtres et laïques, sont unis entre eux par la charité et la véritable fraternité, comme l'étaient les chrétiens dans les temps apostoliques.

Lorsque l'Eglise sortit radieuse des catacombes, elle consacra le culte des morts, plaçant sous la pierre de chaque autel, les reliques de ses saints, et bénissant d'une consécration solennelle les lieux où reposaient ses enfants, dans l'attente de la bienheureuse résurrection.

Jusqu'en 1765, nos pères dormaient leur dernier sommeil sous la dalle du sanctuaire et à l'ombre du clocher, ou dans ces enceintes vénérées dont le nom demeure comme une protestation de pitié et de foi : *Campo santo*.

Nulle part le culte des morts n'est plus en vénération qu'en Bretagne ; et c'est sans doute ce qui explique pourquoi la foi y est si robuste. Un peuple qui oublie ses morts est un peuple maudit. Il n'en est pas ainsi grâces à Dieu, dans nos villes ni dans nos campagnes. Dans toutes les circonstances de la vie on se souvient de ceux qui ne sont plus. Le lundi 7 janvier, un service solennel pour les morts a été chanté dans l'église de Plestin, par M. l'abbé Hingant. Après le service, tous se sont rendus au cimetière, pour jeter l'eau bénite et prier sur la tombe des morts. Il est bien à plaindre celui qui, en présence de la tombe d'une mère ou d'un ami, n'a dans le cœur ni foi ni espérance... Nous nous sommes agenouillé là, les larmes aux yeux, sur la tombe d'un Breton, d'un saint prêtre, d'un savant aimable qui nous a tendrement aimé et que nous pleurons encore, M. l'abbé Michel Karis, ancien recteur de Plougras, Barde de Méné-Bré, à la mémoire duquel le plus aimable des Bardes, notre confrère et ami M. Le Jean, a consacré une de ses plus belles poésies. L'abbé Karis était poëte et musicien. Il a laissé un grand nombre de cantiques avec des airs notés par lui. Quand Dieu l'a appelé, il était dans la force de l'âge (47 ans) ; il travaillait à un ouvrage qui avait pour titre *Ar Religion vad*. Il y exposait d'une manière simple et claire les principes de la religion. M. Karis eut le courage, et il en fallait alors, de se vouer à l'étude de la langue bretonne si méprisée de ceux-mêmes qui l'avaient apprise sur les genoux de leurs mères. Un homme de cœur et de talent, un Breton illustre qui lui aussi apprit en naissant la langue vénérable de nos aïeux, M. de la Villemarqué érigea à la gloire de la Bretagne, un monument qui durera autant que la langue bretonne. Quand le *Barzaz-Breiz*, qui est à sa 6e édition, parut, il fut accueilli par les Bretons avec enthousiasme, et traduit dans toutes les langues de l'Europe. A l'exemple de M. de la Villemarqué, d'autres enfants de la Bretagne et des meilleurs, se mirent à l'œuvre ; de ce nombre furent MM. l'abbé Henry, l'abbé Karis, l'abbé F. Lescour et le vénérable Barde de St.-Laurent, M. l'abbé Kémar qui, né dans la partie française du diocèse de St-Brieuc, ne savait pas le breton quand il fut nommé recteur de St-Laurent, et se fit avec raison un devoir d'apprendre la langue de ses ouailles, absolument comme nos missionnaires apprennent avant tout, la langue des contrées qu'ils sont appelés à évangéliser. De ce nombre furent encore MM. le colonel Troude, Milin, Le Jean, l'abbé Chatton, curé de Guingamp, auteur du livre *Bugale Mari*, l'un des meilleurs écrits en breton; enfin MM. Claude Guitterel, Le Joncour, Le Mercier, Clec'h et tant d'autres.

Ils sont loin de nous, les temps où l'on chantait un cantique commençant par ces mots : *Pleuromp ha gémissomp*. On n'entend plus au prône de la grand'messe annoncer la fête des *Cinq plaies* de N.-S. J.-C. de cette manière : *Fest ar pemp blagen*... Dans un autre prône, le recteur nommait ceux qui avaient fait des offrandes à l'église le jour du pardon; *Ian An Ti-Neve* avait donné une charretée d'ajonc pour le *feu de joie*. Au lieu de dire : *ann tan-tad*, le bon recteur dit : *ann tan-gwal*, c'est-à-dire l'*incendie*. Voilà donc un pauvre diable qui, pour avoir fait acte de bon chrétien, est signalé au prône comme ayant fourni de l'ajonc pour allumer un incendie, crime puni des travaux forcés, et même de la peine de mort en certaines circonstances.

Si la génération d'alors était loin d'être puriste pour le langage, nous allons voir qu'elle n'était pas non plus difficile pour le choix des airs de cantiques. Il y a 25 ou 30 ans on entendait chanter dans nos églises, en français et en breton, sur l'air de la *Marseillaise ;* du *Chant du Départ ;* des *Folies d'Espagne ;* l'*Encens des Fleurs ; Il pleut, il pleut Bergère ; Au clair de la Lune, mon ami Pierrot ; Dormez, chères Amours......* (c'est l'air qu'on chantait pour la bénédiction du St-Sacrement) ; à une procession de clôture d'une mission à Braspartz en 1835, on chantait un méchant cantique en très-mauvais breton sur l'air de :

Ah ! vous dirai-je, maman,
Ce qui cause mon tourment ?
La cuisine est en déroute ;
Le Chat a mangé la soupe, etc.

Dieu merci, cette horrible musique profane tend à disparaître de nos églises, pour faire place à des airs pieux et vraiment bretons. Monsieur l'abbé Henry a rendu à cet égard d'éminents services à notre pays, en publiant ses cantiques notés.

Nous avons sous les yeux un curieux recueil de cantiques, en vrai *Baragouin*, tous sur des *aer gallecq*, intitulé *Canticqo neve; approuvet gant an autro An Treust, composet gant eur Person canton*. Remarquons d'abord le pittoresque du *c* et du *q* dans le mot *Canticqo*. A la page 6 nous disons :

« Clevet a ret-u ar blasphemo
» A *disloncq* o c'honsyancz du ?
» Mallos a leront d'ar vertu,
» Meuli a reont an oll grimo.
« Difennet, christenien, ar Fé, ho c'heritach ;
» Courach (*bis*) ar Baradouçz a vezo ho partach. »

Il faudrait citer tout le *canticq*, pour mettre sous les yeux tous les barbarismes qu'il contient. Ce chef-d'œuvre si remarquable par le style se chantait sur l'air de *Allons, Enfants de la Patrie !* Tout le volume est de la même force. Nous n'aurions jamais osé croire qu'un homme d'esprit pût écrire un pareil volume.

Les Bretons ne comprendront et ne parleront jamais ce *Salmigondis* de mauvais français et de plus mauvais breton encore : et on a l'audace d'appeler cela le langage du peuple ! Allons donc ! le peuple breton est plus malin qu'on ne le pense. Quand il entend un homme né dans son pays parler mal sa langue, il sourit, hausse les épaules et s'éloigne : l'hom est jugé...

Cependant il s'est trouvé un autre *Person canton* (ce sera sans doute le dernier), qui dans un journal du département du Finistère en l'année 1867, est venu dire aussi avec naïveté, son petit mot en faveur du *Bära-Guin*, mauvais français, mauvais breton, système bâtard, sans principes, sans règles, sans orthographe, et que nous appellerons FOENN ha BRENN.

« J'ai proclamé, dit le *Person canton*, » l'EXCELLENCE du système de Le Gonidec...
» — Alors, pourquoi ne le suivez-vous pas?
» — Parce que, quand j'écris et quand je parle, » j'ai pour but de me faire lire et de me faire » comprendre...»

Que répondre à cela? — Rien... Craignons de déflorer le bouquet.

Il est honteux sans doute, de ne pas savoir la langue de son pays; mais que dire d'un homme qui par *état*, est tenu avant tout, de donner à *tous* le bon exemple, qui connaissant à fond le génie et les ressources de sa langue, la valeur et la portée des mots, se sert de cette même langue, la langue que parlait *sa mère*, la langue dans laquelle la parole de Dieu est prêchée dans l'*église de sa poroïsse*, pour outrager du même coup, la religion, la morale, l'honneur des familles, et le caractère sacré du ministre d'un lieu de paix et de pureté

Il y a peu d'années parut dans le département du Finistère, une poésie *manuscrite*, composée dans une réunion de *confrères* (une orgie, de l'aveu de l'auteur lui-même), puis, lue, chantée, *inter pocula*, colportée et prônée de bourg en bourg!...

Que d'hommes croyants et pratiquants, que de femmes vertueuses, que de jeunes gens, que de jeunes filles ayant au front l'auréole de la pudeur, ont senti chanceler leur foi et leur vertu à cette lecture !...

Jamais la langue bretonne ne fut si indignement prostituée.

Impossible, sans blesser la pudeur la plus vulgaire, de faire une citation de cet écrit sacrilége, œuvre d'un vieillard impudique, dont la plume a surpassé les infâmes polissonneries de Piron et de Voltaire.

Cette ignoble production, qui n'était pas le coup d'essai de l'auteur, a été vigoureusement flétrie par une mordante satyre *imprimée*, tirée à plusieurs milliers d'exemplaires ; et, sans nul doute, il se trouverait encore en Bretagne, des hommes de foi et de cœur, qui s'empresseraient de venger la morale et la langue bretonne, l'honneur du clergé et des familles, si quelque *Briz-diot*, possédé du démon, osait encore les outrager par quelques écrits cyniques.

Aujourd'hui, grâces à Dieu, les hommes d'étude (et il y en a beaucoup), les honnêtes gens respectent et tiennent à honneur de connaître, de parler et d'écrire correctement leur langue. Notre dernier évêque breton,

Monseigneur Graveran, de sainte mémoire, encouragea fortement cette étude. Un autre éminent prélat, breton par le cœur et le langage, Monseigneur David, a recueilli son héritage et continue son œuvre avec un grand succès, en donnant lui-même l'exemple de l'étude et des preuves de sa prédilection pour la langue de nos pères. Qu'il soit trois fois béni. *Beniget vo 'n Eskop santel e Breiz-Izel.* Les jeunes prêtres de son diocèse conserveront comme un trésor précieux, les livres bretons qu'ils reçoivent, le jour de leur ordination, du savant prélat.

Le barde de St-Efflam, M. Hingant, à l'exemple de ses devanciers, quoique né dans le pays breton, a étudié sa langue maternelle et a fait une grammaire au sujet de laquelle nous aimons à répéter ce que nous avons dit ailleurs : « La grammaire bretonne de M. Hin» gant est un chef-d'œuvre de clarté, de pré» cision, de raison et est destinée à faire « progresser la langue bretonne, par les » principes nouveaux qu'elle élucide. » (1) Il a en outre composé un recueil de proverbes bretons aussi intéressants que les *proverbes* (Lavarou) du plus ancien des bardes de l'Ar-

---

(1) *Telen Remengol*, page 159.

morique, Gwenklan, qui alors que le druidisme pesait sur notre pays comme un manteau de plomb, chantait à *Roc'h-Allaz*, son dernier chant, le chant du cygne :

« Pa guz ann heol, pa goenv ar mor,
» Me oar kana war dreuz ma dor.
» Pa oann iaouank me a gane,
« Pa 'zoun deut koz, me gan ive.
» Me gan enn noz, me gan en de,
» Ha me keuziet, koulskoude. » (1)

C'est non loin de *Roc'h-Allaz* (2), où le vieux barde aveugle chantait les prophéties conservées autrefois dans l'antique abbaye de Landevenec, et sur les bords de cette magnifique baie appelée la *Lieue de Grève*, que le jeune Hingant a été élevé (3). Des champs paternels il

(1) Barzaz Breiz, 6ᵉ édition, page 19.

(2) Au sommet brille aujourd'hui la croix du divin Jésus.

(3) L'an 480, S. Efflam, arrivant d'Irlande, sa patrie, en Bretagne, bâtit, pour la première fois, la chapelle de son nom, que l'on voit aujourd'hui au bord de la grève (*Diction.* d'Ogée, t. II, p. 295). — On assure que S. Efflam descendit de son bateau précisément dans l'endroit où est plantée, au milieu de la baie, la croix que la mer couvre à toutes les marées. Cette croix, que nous avons plusieurs fois visitée, présente les caractères de la plus haute antiquité et doit remonter au temps de S. Efflam. Elle mérite de fixer l'attention des

pu contempler l'immensité de l'océan, dont les flots en fureur viennent se briser sur les rochers de l'Armorique. Dès son jeune âge, il a vu à peu de distance de sa demeure la tour de St-Milliau (patron de Ploumilliau et de Guimilliau), prince breton martyrisé par son frère Rivod ; devant lui, la paroisse de Trédrez, que saint Yves a évangélisée pendant 3 ans ; un peu plus loin, les ruines de l'antique cité armoricaine, Léxobie et la célèbre église de N.-D. du Koz-Ieodet, berceau de l'évêché de Tréguier, et où sa vertueuse mère l'avait dans son enfance conduit bien des fois en pèlerinage. A gauche et au couchant, il voyait à Lanmeur, les tours de St-Mélar, autre prince breton martyrisé, de N.-D. de Kernitron, de St-Jean-du-Doigt ; et, dans une oasis au milieu des rochers, la tour de St-Kirec qui fonda la première église de Kreizker, à St-Pol-de-Léon.

Dans sa paroisse, que de fois le jeune Hincant n'est-il pas allé prier dans la chapelle de St-Efflam, de St-Garan, disciple de S. Denis, de St-Jagut, frère de S. Guénolé, ce patriarche des moines de l'Armorique, dont la sainteté

archéologues. Elle est faite d'un granit pouding qui ressemble beaucoup à ceux de l'Egypte. Ce granit se montre sur la côte par bancs de 80 pieds de long.

était si grande, que tous ceux qui ont eu quelque rapport avec lui, père, mère, frères, sœurs maître, disciples sont reconnus comme saint, et ont tous profité de la plénitude de l'esprit qu'il possédait. (1) Que de fois aussi n'a-t-il pas été promener ses tristes pensées dans les ruines de deux chapelles vénérées, l'une dédiée à S. Gestin qui a donné son nom à Plestin, et l'autre à Ste Honora, épouse de S. Efflam ! Il serait digne de la grande et belle paroisse de Plestin, de relever de leurs ruines ces deux chapelles, chères encore aux habitants du pays..

L'an 984, François I<sup>er</sup>, duc de Bretagne, fonda la première église de Plestin. L'église actuelle ne remonte qu'à l'an 1576, ainsi que l'attestent son architecture et la date écrite au-dessus de son portail. C'est un édifice gothique d'assez mauvais goût.

S. Efflam mourut dans son humble hermitage de *Toul-Efflam*, en l'an 512 ; il y fut enterré ; mais de nombreux miracles s'opérant sur son tembeau où l'on venait de toutes parts en pèlerinage, son corps fut enlevé par ordre de Paul, évêque de Tréguier, et déposé dans

---

(1) Vie des saints de Bretagne par Lobineau, édition de l'abbé Tresvaux, page 88.

un sarcophage érigé en 994 dans l'église paroissiale de Plestin. Le tombeau actuel qui le remplace date seulement du XVIe siècle. C'est un mausolée entouré d'arcades gothiques et sur lequel est couchée la statue de S. Efflam, revêtue des habits et des insignes de la royauté. En 1819, M. l'abbé J.-M. de Lamennais, alors vicaire général capitulaire du diocèse de Saint-Brieuc, et fondateur des Frères de l'Instruction Chrétienne, (1) fit ouvrir le tombeau de S. Efflam ; mais on n'y trouva pas les réliques du saint. Cependant on en conserve une partie dans un réliquaire en forme de coffre, surmonté d'une couronne royale, dite couronne de Charlemagne. Ce reliquaire que l'on porte en procession, le jour du pardon, est dans la sacristie haute, et nous a été montré par le vénérable curé de Plestin, M. Moignet, qui, avec une complaisance admirable, communique aux étrangers ce que son église a de remarquable comme antiquités et objets d'art. C'est à cet excellent prêtre que nous devons d'avoir appris que c'est dans la paroisse de Plestin que

(1) La Bretagne entière et la plupart de nos colonies rendent un juste tribut d'hommages et de reconnaissance à ces humbles Frères qui rendent tant de services aux enfants, à l'instruction desquels il sont exclusivement voués.

naquit, en 1326, Even de Bégaignon, qui se fit religieux chez les Dominicains de Morlaix. Nommé évêque de Tréguier en 1362, il fit des statuts en 1365, assista au concile d'Angers en 1366, et se démit de son siége en 1371. Ce prélat s'attacha au pape Grégoire II, qui le fit cardinal. Il mourut en 1378.

Nous n'avons pu, dans les limites étroites de cet écrit, que faire mention des saints qui sont nés, qui ont vécu ou qui sont morts dans le beau pays de Plestin et de ses environs. Ces hommes, dont la mémoire s'est conservée de génération en génération, furent les vrais et uniques civilisateurs de notre pays. Ils ont converti nos pères à la foi de Jésus-Christ, et après bien des siècles écoulés, nous, leurs arrières-petits-neveux, toujours fidèles à la foi qu'ils nous ont transmise, nous sommes encore fiers de porter leurs noms et d'être appelés *Efflam, Tugdual, Carentin* ou *Guénolé*. Le vieux sang armoricain se réchauffe dans nos veines lorsque des prêtres vénérables nous parlent de nos vieux saints de Bretagne. *Sent koz Breiz-Izel*, qui ont vécu, qui ont prié sur ce même sol sur lequel nous vivons et prions, et sur lequel nos descendants prieront à leur tour le divin Jésus, la Vierge Marie et les amis de Dieu. Ces saints de Bretagne,

S. Gestin, S. Efflam, S. Brieuc, S. Pol-de-Léon, S. Clair, etc., n'étaient pas protestants ! ils étaient cependant de la primitive Eglise, et devaient connaître les traditions apostoliques qu'avec tant d'injustice on nous reproche, à nous Catholiques et Bretons, d'avoir négligées. Non, nous avons gardé, comme le plus précieux des trésors, la foi de Jésus-Christ, qui nous a été prêchée par les apôtres et leurs successeurs. Une autre gloire, et elle est bien grande aussi celle-là, on ne nous la contestera pas; nous avons gardé la langue de nos pères, la langue que parlaient nos vieux saints, S. Corentin, S. Tugdual, S. Yves et tous ces grands hommes qui ont évangélisé notre patrie. Quelques imprudents ignares ont osé dire : « La langue bretonne s'en va, la langue bretonne se meurt ! » Qu'en savez-vous, vous qui ne l'avez jamais ni étudiée ni parlée décemment ? Eh bien ! le jour où la langue bretonne périra, soyez convaincu que la foi aura subi de cruelles atteintes, et que le silence se fera bientôt sur le désert où fut la vieille Armorique. Prophètes de malheur et de mensonge, vos prophéties ne se réaliseront pas. Un grand et savant évêque, Mgr David, « dont le nom vénéré restera dans nos traditions à côté de ceux de S. Yves

» et de S. Tugdual » (1) écrivait dernièrement à un barde : « Vous avez raison : le *Brezonek* » se régénère, se purifie, et se fixe à jamais » dans sa forme littéraire. » La foi et la langue d'un peuple ont une telle connexité qui fait que l'une est rarement altérée sans que l'autre en souffre. C'est la foi qui a érigé à la gloire de Dieu, en l'honneur de la Vierge Marie et des saints, ces manifiques églises, ces chapelles de dévotion et ces clochers à jour qui s'élèvent vers le ciel comme une prière. « Chose étrange, disait un illustre Breton, des » hommes puissants, parlant au nom de l'éga- » lité et des passions, n'ont jamais pu fonder » une fête ; et le saint le plus obscur, qui n'a- » vait jamais prêché que pauvreté, obéis- » sance, renoncement aux biens de la terre, » avait sa solennité au moment même où la » pratique de son culte exposait sa vie ! » (Châteaubriand, *Génie du Christianisme*, t. 2, ch. IX, p. 93.)

Un autre illustre Breton, notre archevêque bien aimé, Mgr Godefroy-Saint-Marc, embrassant dans un ardent amour Dieu, l'Eglise et la Bretagne, et auquel le peuple breton rend

---

(1) *Echo des Côtes-du-Nord*, 20 mars, *Le Lannionnais*, 28 mai 1868.

amour pour amour, faisant dernièrement entendre sa voix pastorale disait : « S'il est en-
» core au monde une contrée où règne la foi
» chrétienne dans toute sa plénitude, et dont
» la population a conservé avec fidélité les
» pieuses traditions et les mœurs, l'on peut
» dire, sans crainte d'être démenti, que c'est
» notre chère Bretagne, terre de granit, au
» moral comme au physique, et que n'ont pu
» entamer jusqu'ici les mœurs corrompues
» de la civilisation moderne.

---

(1) Mandement de Mgr l'Archevêque de Rennes pour le carême de 1868.

# EUNN OFEREN NEVEZ E BREIZ-IZEL.

*D'an Aotrou* IAN HINGANT, *beleg, devez he Oferen nevez, enn Iliz Plestin, ar* **6** *a viz genver, bloavez 1868.*

War don : *Iliz ma Farroz* — (Telen Remengol).

Setu te beleg, ma mignon,
Beleg mad e vi ha guirion,
E bro sant Efflam oud savet
Gant eur vamm vad oud bet maget.

'Nn Eskop santel a zant Briek
Den a skiant, den kalonek,
Pa oud bet gant han beleget
D'id-te en deuz bet lavaret :

« Kerz ma mab da brezeg ar feiz,
» Lezen Doue d'az kenvroiz,
» Bepred gan-ez vo ma bennoz,
» Kas Breiziz holl d'ar Baradoz.

» Evit distrei tud dirollet
» Hirvoudi, pedi vo d'id red !!...
» Pa vi mantret gand ar glachar
» Gra eur zell oc'h méné Kalvar !!... »

## UNE NOUVELLE MESSE EN BRETAGNE

*A Monsieur* JEAN HINGANT, *prêtre, le jour de sa nouvelle Messe, dans l'église de Plestin, le 6 janvier 1868.*

Sur l'air de : *Iliz ma Farroz* (dans *Telen Remengol*).

Te voilà prêtre, mon ami,
Tu seras un bon prêtre, un vrai prêtre,
Tu as été élevé dans le pays de saint Efflam,
Et une bonne mère t'a nourri.

Le saint Evêque de Saint Brieuc,
Homme de talent et de cœur,
En te donnant l'onction sacerdotale,
T'a dit ces paroles :

« Va, mon fils, prêcher la foi,
» La loi de Dieu à tes compatriotes,
» Ma bénédiction t'accompagnera toujours,
» Envoie tous les Bretons au Paradis.

» Pour ramener les hommes mauvais
» Il te faudra gémir et prier !!...
» Et quand ton cœur sera abreuvé de douleur,
» Regarde la montagne du Calvaire !!...

— Brema oud abostol ar feiz
'Vel ar zent koz gwechal e Breiz
'Vel sant Efflam ha sant Gestin,
Sant Ervoan, Tual, Kaorintin.

Ar beorien noaz te a wisko;
Ro d'ezho 'nn tam euz da c'heno;
Bez 'vit ann holl karantezuz
'Vel ma voa hon Zalver Jezuz.

Dalc'h bepret, d'alc'h d'ar iez santel
Iez hon tadou, iez Breiz-Izel!
Komz a raimp c'hoaz er Baradoz
Iez sent Breiz gant hon tadou koz.

Kemer skouer dioc'h ann dud Doue,
Beleien 'dremen ho bue,
O veuli ann iliz santel
Hag oc'h enori Breiz-Izel.

Ped, ma mignon, ha kar dreist holl
Sent Breiz hag *Itron Remengol*,
Mamm ar Barzet, ar Vretonet,
He bennoz d'id a roi bepred!

I.-P.-M. AR SKOUR,
*Barz ann Itron-Varia Remengol.*

— Tu es aujourd'hui apôtre de la foi
Comme autrefois les vieux saints de Bretagne,
Comme saint Efflam et saint Gestin,
Saint Yves, saint Tugdual, saint Corentin.

Tu couvriras la nudité du pauvre ;
Donne lui le morceau de ta bouche ;
Sois miséricordieux, charitable envers tous,
Comme était Jésus, notre sauveur.

Garde, oh ! garde toujours la langue sainte !...
La langue de nos pères, la langue de *Breiz-Izel!*
Nous parlerons encore au paradis la langue
Des saints de Bretagne, avec nos pères.

Prends exemple sur ces hommes de Dieu,
Sur ces prêtres qui passent leur vie,
A louer la sainte Eglise
Et à honorer la Bretagne.

Prie, mon ami, et aime surtout
Les saints de Bretagne et N.-D. de Rumengol,
La mère des Bardes et des Bretons ;
Elle te donnera toujours sa bénédiction.

J.-P.-M. LESCOUR,
*Barde de Notre-Dame de Rumengol.*

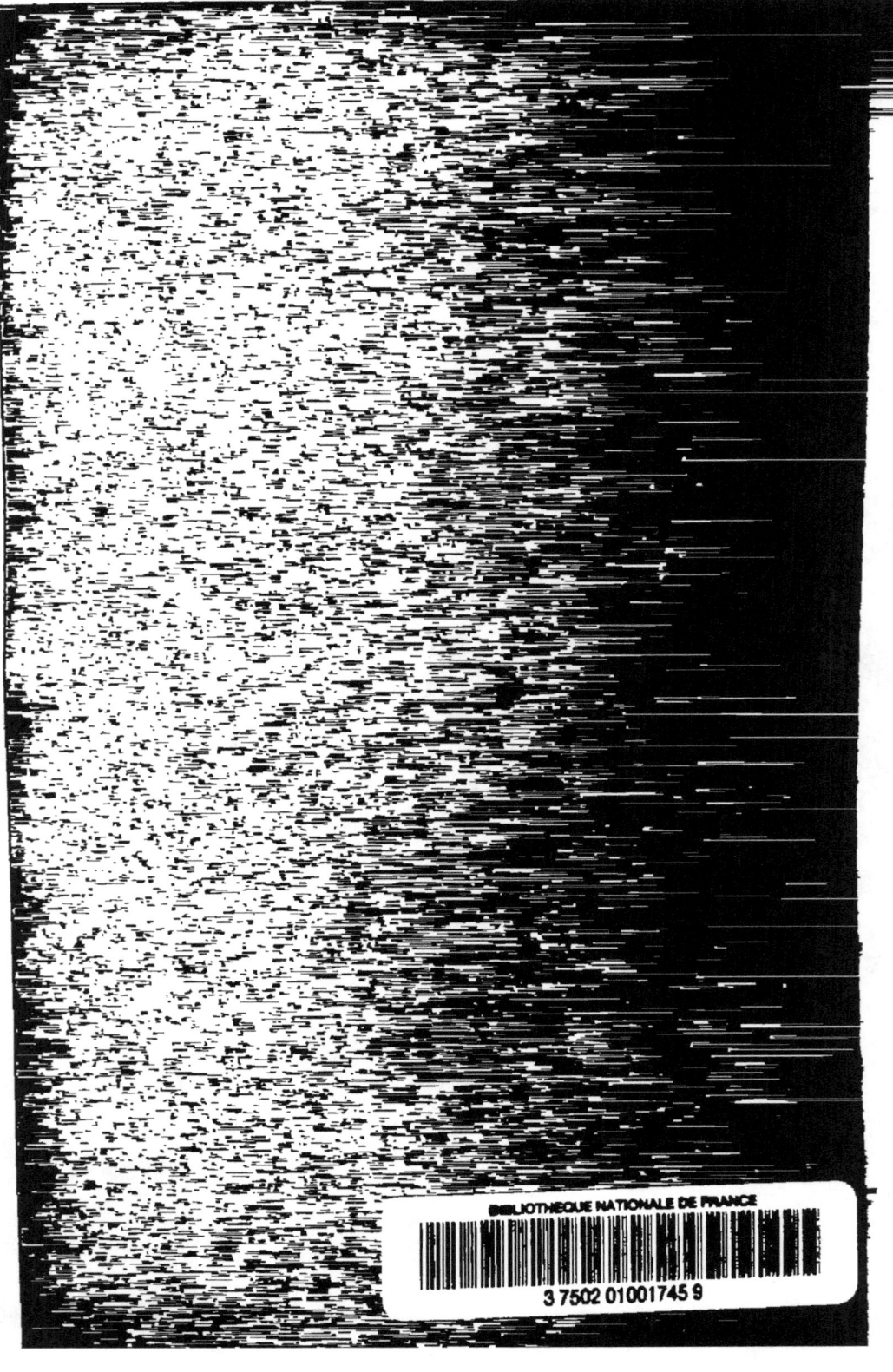

www.ingramcontent.com/pod-product-compliance
Lightning Source LLC
Chambersburg PA
CBHW060516050426
42451CB00009B/1012